远古西陵

宜昌博物馆 编著

吴文洁 主编

宜昌博物馆
展览系列图集

文物出版社

图书在版编目（CIP）数据

远古西陵 / 宜昌博物馆编著；吴文洁主编 .
-- 北京：文物出版社、2021.12
（宜昌博物馆展览系列图集）
ISBN 978-7-5010-6976-7

Ⅰ. ①远… Ⅱ . ①宜… ②吴… Ⅲ . ①文物- 宜昌-
图录 Ⅳ . ① K872.633.2

中国版本图书馆 CIP 数据核字 (2020) 第 268204 号

宜昌博物馆展览系列图集

远古西陵

编　　著： 宜昌博物馆
图书策划： 肖承云　向光华
主　　编： 吴文洁
责任编辑： 吕游
责任印制： 陈杰
装帧设计： 雅昌设计中心
出版发行： 文物出版社
社　　址： 北京市东城区东直门内北小街 2 号楼
邮　　编： 100007
网　　址： http://www.wenwu.com
经　　销： 新华书店
印　　刷： 北京雅昌艺术印刷有限公司
开　　本： 889mm×1194mm　1/16
印　　张： 5
版　　次： 2021 年 12 月第 1 版
印　　次： 2021 年 12 月第 1 次印刷
书　　号： ISBN　978-7-5010-6976-7
定　　价： 108.00 元

总

序

　　宜昌，世界水电之都、中国动力心脏，伟大的爱国诗人屈原、民族使者王昭君的故乡，是巴文化、楚文化交融之地。现有考古资料证明，夏商之时巴人就已存在。周初，巴人参与了武王伐纣之战，因功封为子国，即巴子国。早期巴文化遗址以清江及峡江地区分布最为密集。在宜昌发现的 40 余处巴人遗址中，出土了融多元文化为一体的早期巴人陶器和錞于、编钟、釜、洗等青铜乐器和礼器，族群特色鲜明。根据《左传·哀公六年》记载："江汉沮漳，楚之望也。"说明沮漳河流域是楚人政治、经济、文化和军事发展的重要之地。其经远安、当阳、枝江等全长约 276 公里的沿岸分布着楚文化遗存达 709 处。

　　秦汉以来，宜昌历经了三国纷争、明末抗清斗争、宜昌开埠、宜昌抗战等重要的历史事件；保留有各个时期大量的重要历史遗迹、遗存；历年来，通过考古发掘出土、社会征集了大量的文物和各类标本。

　　宜昌博物馆馆藏文物 40476 件 / 套，其中一级文物 84 件 / 套（实际数量 142 件）、二级文物 112 件 / 套（实际数量 154 件）、三级文物 1427 件 / 套（实际数量 2259 件）。楚季宝钟、秦王卑命钟、楚国金属饰片、春秋建鼓、磨光黑皮陶器等一系列的西周晚期至战国早期楚文化重器和礼器，为我们勾勒出楚国作为春秋五霸、战国七雄而雄踞一方的泱泱大国风采。另外，还有馆藏动物、植物、古生物、古人类、地质矿产等各类标本，艺术品，民俗藏品等 10000 余件 / 套。

　　宜昌博物馆位于宜昌市伍家岗区求索路，建筑面积 43001 平方米。远远看去就像一座巨大的"古鼎"，古朴雄伟、挺拔壮观。主体建筑以"历史之窗"为理念，集巴楚历史文化元素为一体，形成了一个内涵丰富、极具文化特色的标志性建筑。外墙运用深浅变化的条形石材，呈现出"巴虎楚凤"的纹饰，表现出"巴人崇虎，楚人尚凤，楚凤合鸣"的设计效果。不但具备大气磅礴的外观，还体现着时尚的元素和颇具宜昌风味的文化特色。

　　大厅穹顶借用了"太阳人"石刻中"太阳"为设计元素，穹顶外围铜制构件巧妙地运用了镂空篆刻的设计，体现了宜昌地区祖先对太阳的崇拜以及宜昌作为楚国故地对屈子哲学的崇尚。迎面大厅正中的主题浮雕"峡尽天开"，用中国古代书画青绿山水技法，再现了宜昌西陵峡口的绿水青山，它既是宜昌地域特点的真实写照，也向世人展示着宜昌这座水电之城的秀美风采。

博物馆的陈列布展主题为"峡尽天开"。"峡尽天开朝日出，山平水阔大城浮"是著名诗人郭沫若出三峡时对西陵峡口壮阔秀美风光的咏叹，是对宜昌城地理位置的准确描述，也契合了宜昌由小到大，由弱到强，几次跨越式发展的嬗变历程。陈列布展设计针对大纲重点内容进行提炼并重点演绎，以特色文物为支撑，坚持"用展品说话"的设计原则，辅以高科技多媒体技术、艺术场景复原等手段，彰显开放、包容、多元的城市品格。展览共分十个展厅，分别是：远古西陵、巴楚夷陵、千载峡州、近代宜昌、数字展厅，讲述宜昌历史文明的发展历程；风情三峡、古城记忆、书香墨韵，描绘宜昌多彩文化；开辟鸿蒙、物竞天择，寻迹宜昌人文与自然的传承永续。

宜昌博物馆展陈具有以下特色：一、内容综合性。它是集自然、历史、体验于一体的大型综合类博物馆；二、辅展艺术性。雕塑、艺术品、场景复原风格追求艺术化创新，艺术大家参与制作，老手艺、老工艺充分利用，多工种、专业交叉施工，使展览更加洒脱、细腻、生动；三、布展精细化。布展以矩阵式陈列展现宜昌博物馆丰富的馆藏，在文物布展的细节之处，彰显巴楚文化的地方特色以及精神传承；四、体验沉浸式。它区别于其他博物馆的传统式参观，引入古城记忆的沉浸式体验，穿街走巷间，感受宜昌古城风貌；五、运行智能化。充分运用 AR 技术、智慧云平台等先进的智能化互动方式，让展陈"活"起来；六、展具高品质。进口展柜、低反射玻璃、多种进口灯具组合，无论在哪一环节，都精益求精，打造精品博物馆。

筚路蓝缕，玉汝于成，宜昌博物馆从无到有，从小到大，凝聚了几代宜昌文博人的心血，见证了宜昌文博事业的发展。陈列展览通达古今、化繁为简、注重特色、彰显底蕴，处处体现着宜昌人的文化自觉、文化自信、文化自强。如今宜昌博物馆凤凰涅槃，并跻身国家一级博物馆行列，即将扬帆踏上新的征程。让我们寻迹宜昌发展的脉络足迹，共同打造文化厚重、人气鼎盛的现代化梦想之城！

苏海涛

2021 年 12 月于湖北宜昌

远古西陵

宜昌博物馆展览系列图集

目　录

展览概述

宜昌已发现旧石器时代文化遗存 30 余处，新石器时代文化遗存 100 余处。现有的考古发现证明，在 30 多万年前，远古先民就在这块沃土上劳作、生息和繁衍。

《远古西陵》展厅面积 810 平方米，展线长度 219 米，上展文物数量 525 件 / 套，真实反映宜昌境内远古人类社会生活的基本情况。

序厅空间用抽象语言来塑造远古时期洞穴地貌，洞口仿佛一道时空之门把观众带回到远古西陵，来进行一场时空穿梭之旅。

一、展陈内容及亮点

1.旧石器时代

宜昌已发现的旧石器时代文化遗存中具有代表性的有：秭归玉虚洞遗址、长阳人遗址、宜都九道河洞穴遗址及当阳九里岗遗址等。它们不仅是宜昌地区远古文化面貌的重要见证，也为我们探索中国古人类的起源与发展提供了重要的材料，具有重要的学术价值。

旧石器时代展示单元，重点展示"长阳人"化石及其伴出动物化石，玉虚洞、九道河、九里岗遗址出土的石砍砸器、石刮削器、石尖状器等，通过重点文物展示及场景、多媒体等辅助手段反映当时宜昌人的生产生活场景。

2.新石器时代

到目前为止，宜昌已经发现新石器时代遗址100余处，多分布在长江、沮漳河、清江等沿岸地区。其中，经试掘和正式发掘的有四五十处，遗址一般面积大，层位多，堆积较厚，各类遗物丰富。经过几十年的探索，已经初步建立起一个比较完整的新石器时代文化发展序列：宜昌境内发现年代最早的新石器时代文化是城背溪文化，距今约8500～7000年；城背溪文化之后，大溪文化兴起，距今约7000～5100年，在宜昌境内

发现数十处遗址；大溪文化晚期，屈家岭文化兴起，它是我国长江中游地区发现最早、最具代表性的大型石器时代聚落遗址，也是长江中游地区第一个被命名的新石器时代文化，距今约5100～4500年；石家河文化是继屈家岭文化之后发展起来的一种考古学文化，距今约4500～4200年，代表了长江中游地区史前文化发展的最高水平。

宜昌新石器时代文化内涵丰富，特色鲜明，既具有一定的地方特色，又有外地文化影响的因素，是研究我国史前文化，特别是长江流域史前文化不可缺少的重要组成部分。

新石器时代展示单元，特别展示"太阳人"石刻、刻划符号、陶支座、陶纺轮及其他各类石器、陶器、骨器等，再现远古宜昌人磨制工具、烧制陶器、圈养牲畜、种植水稻、建造房屋等生活场景。

二、形式设计及亮点

1.空间形式设计原则

空间形式设计将峡江的主题进行抽象凝练，序厅空间、动线布局、展墙形式造型、展品陈列布展、版面形式设计等运用"峡尽天开"主题元素，形成整体统一又局部变化的展示空间。

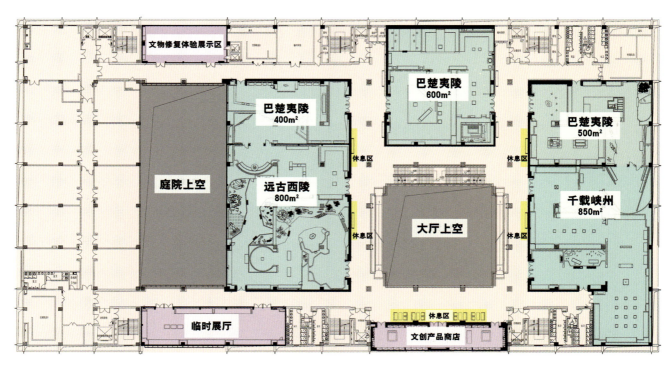

二层总平面图

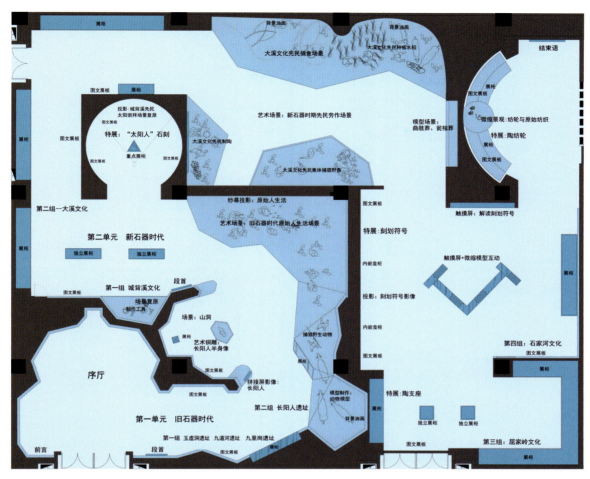

远古西陵展厅平面布局图

2. 展示设计特色运用

坚持"展品讲述故事"的设计原则，将重点展品、重点内容、重点人物作为突出展示空间效果的依据，将其合理分布在参观动线上，运用展示手段拉开空间的参观层次，以点连线，以线带面，以面围体，充分调动观众的多种感官体验，打造多位一体的博物馆展示空间，合理地运用多媒体技术、场景复原、模型互动、图文诠释等辅助展示手段对重点内容进行全面的组合展示。

3. 展示规划设计依据

展厅动线顺畅，能够引导观众在展览空间中有序进行参观，在动线设计中适当设置观众的关注点和兴奋点，调动观众的参观积极性。展线长短、展项高度和视角、展品密度、光线明暗度等满足人体工学的基本要求，增加体验舒适度。

依据各单元叙事逻辑，以重点文物串联中心轴线，结合一般文物与各类辅助展项形成组团化的"信息包"，空间与内容恰当结合、层次分明、组团清晰，文物与信息关联紧密、视角多样。

4. 展示效果保障实施

天、地、墙基础装饰设计及其材料符合绿色、环保和安全标准。展览制作严格按照建筑、装饰工程、环保、安防、消防要求及国家相关规范，确保操作合规、功能完善、工艺细致、制作精良。邀请富有经验的展陈专家团队，加强对展览设计、制作和布展各个阶段、各个方面的论证。展柜全部采用知名品牌博物馆专用标准化展柜，在重点区域运用低反射玻璃来突出展品，使用物联网无线防盗技术，智能化控制开启。照明选用国际知名品牌防辐射 LED 光源，照度、色温、色还原度充分满足形式设计、文物保护和人性化要求。

第 一 章
旧石器时代

旧石器时代大体与地质学上的更新世相当。人类从开始采集野果、块根，捕捉昆虫、蜥蜴等小动物，逐步发展到能使用粗糙的打制石器、木器捕猎较温顺的动物，能利用自然火；在经历了漫长的过程后，能制作复合石器、木器、骨器；后期可以使用弓箭、陷阱集体猎杀多种大型动物；到发明钻木、击石取火，用兽皮做粗陋的衣物，养殖和原始农业出现。人类从穴居、巢居走向构木为巢和棚居生活。

玉虚洞、九道河、九里岗遗址

◉　展厅墙面延续抽象的洞穴折线形态，玉虚洞、九道河、九里岗遗址展品在墙面通柜展示，地面展台展出伴生动物、植物模型，配合展品进行组合展示。

旧石器时代

THE PALEOLITHIC AGE

　　旧石器时代是人类发展史上的最早阶段，从距今约 300 万年前人类诞生开始，到距今约 1.2 万年前人类进入新石器时代结束。距今 30 余万年前，宜昌境内开始有了人类活动。本区域发现的 30 余处旧石器时代文化遗存显示，当时的宜昌人开始使用粗糙的打制石器、骨器和木器进行劳作，懂得用火加工食物、驱赶和捕猎野兽，捕捞鱼蚌，采集果实，集体穴居或巢居。

The Paleolithic Age was the earliest stage of human development in the history, beginning with the birth of humans from approximately 3 million years ago, and ending with the start of the Neolithic Age from about 12,000 years ago. More than 300,000 years ago, human activities began in Yichang. Over 30 Paleolithic cultural relics discovered in this region revealed that Yichang people of that time had begun to use rough chipped stone tools, bone tools, and wood tools to work, and that they knew how to use fire to process food, drive and hunt wild beasts, catch fishes and clans, collect fruits, and start collective burrowing or nesting.

玉虚洞遗址

YUXU CAVE SITE

　　玉虚洞遗址位于秭归县香溪镇八字门村，是一处旧石器时代早期晚段古人类的洞穴居住遗址。面积约 200 平方米，距今 30 余万年。该遗址出土石制品多达 130 余件，有大型砍砸器，断块刮削器、石片、石核、尖状器、石锤、石砧等，制作工艺比较粗糙，使用痕迹明显。石料主要为硅质岩、砂岩、石灰岩。

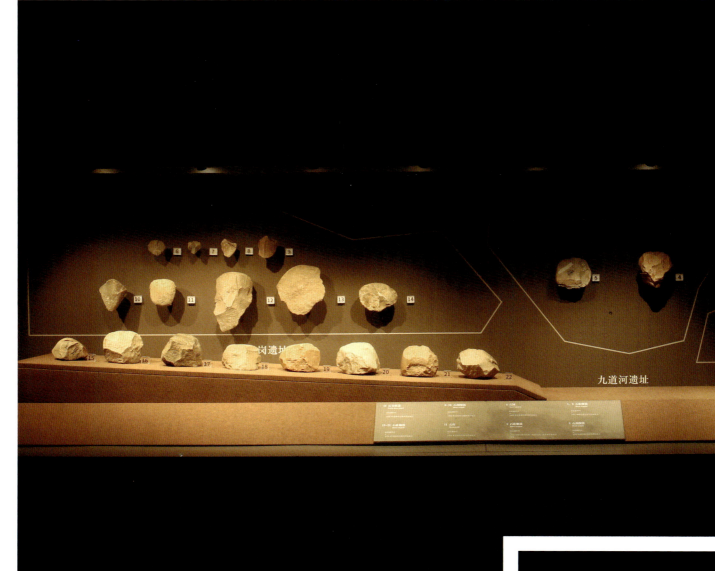

● 利用半嵌入式地面展柜展示东方剑齿象、巨貘、大熊猫等伴生动物化石，体现旧石器时代动物物种的丰富多样。

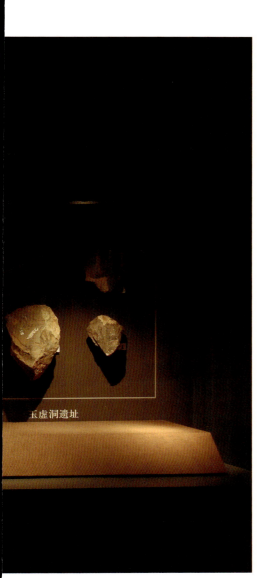

玉虚洞遗址

◉　为做好部分上展文物上墙展示工作，文物金属托架专业制作人员前期到文物库房采用 3D 扫描文物形制参数的方式全面采集相关文物信息，以便量身定制金属托架。在确保文物安全的前提下，向观众多面立体呈现石器类文物，起到丰富展陈空间层次，增强空间节奏感的作用，达到更为完美的陈列效果。

◉　原设计中人、动物运用玻璃钢制作，过于抽象，且成本较高，现展示避免了这一弊端，采用泥塑人物和动物，力图还原宜昌地区远古人的实际生活场景。

旧石器时代原始人生活场景

◎ 背景采用了半通透的艺术处理手法，将投影和纱幕相结合，透过纱幕可以隐约看到新石器时代生活场景，形成一个时空对话。

原始人生活场景深化设计手稿

◉ 影片结合现场灯光、纱幕和半景画进行内容设计，结合层层纱幕，通过二维动画的方式表现宜昌旧石器时代人类丢石捕猎、采摘野果、追赶猛兽等生活场景。通过虚实结合的视觉效果，使平凡无奇的画面产生动中有静、静中有动的意味。

◉ 场景制作一般会经过图稿创作、深化设计、泥稿小样等环节，经有经验的专家不断审核改进确认之后再最终制作出来呈现给观众，确保场景充分具备科学性和真实性，增强展览的观赏性和感染力。

长阳人遗址

◎　"长阳人"特展，复原长阳人铜像在展区中心展示，观众能直观地感受远古人类的形态特征。将长阳人洞穴遗址的洞口进行复原，再现长阳人的原始生活环境；洞内用独立柜展示出土的长阳人牙齿化石并配合图文展板及拼接屏影像来介绍长阳人背景知识。

　　1956 年发现的长阳人洞穴遗址位于长阳土家族自治县大堰乡钟家湾村，属于旧石器时代中期遗址。出土一件人类上颌骨化石，上附两颗牙齿，该化石属于早期智人阶段，距今约 19 万年。与"长阳人"化石伴出的还有东方剑齿象、巨貘、中国犀牛、箭猪、大熊猫、虎等 40 多种哺乳动物化石。

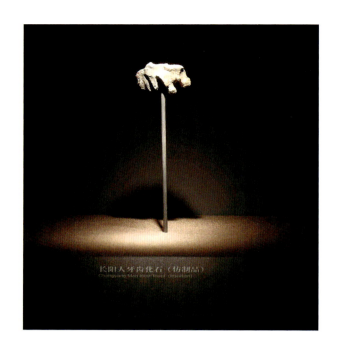

长阳人牙齿化石（仿制品）
Changyang Men tooth fossil (imitation)

"长阳人"的发现

◉　　拼接屏影像以"穿越""探险"的影片讲述方式，将"长阳"作为一个原始人的名字，设置一个简短但完整的故事，同时采用镜头转换手法，来展示长阳人遗址环境、化石的发掘等方面的内容，向参观者科普"长阳人"发现的历史意义，进一步阐述"长阳人"是世界人类进化发展中古人阶段的典型代表，说明长江流域以南的广阔地带也是中国古文化的发祥地之一，是中华民族的摇篮。

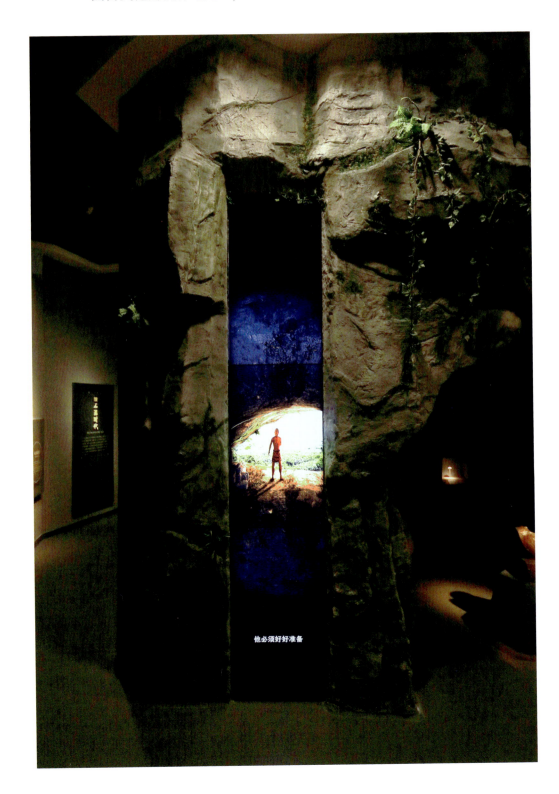

2018 年 4 月至 6 月，为配合新馆展陈需要，宜昌博物馆特组建专门的摄影团队赴各县市区相关遗址遗迹和文物点进行拍摄工作，共计拍摄照片约 60000 余张，视频约 30 余小时。

第 二 章

新石器时代

走过漫长的旧石器时代，人类迈入新石器时代的门槛，在地质年代上已进入全新世。新石器时代石器逐渐由打制演变为磨制，更加精致、锋利。人类开始制作和使用陶器，原始农业得以发展，原始畜牧业和手工业也有了长足的进步。晚期出现了社会地位分化与贫富差距，聚落逐渐扩大并最终出现了早期城市。

新石器时代

THE NEOLITHIC AGE

城背溪文化

　　城背溪文化是分布于江汉地区的一种新石器时代
早中期文化遗存，因最早发现于宜都市城背溪而得名，
距今约 8500 年至 7000 年。出土遗物包括石质生产工
具斧、锛、铲、刀等；手制陶器釜、罐、钵、盘等；
渔猎用具石网坠、石球等，并出有一件国宝级文物"太
阳人"石刻；发现稻作遗物痕迹以及较大量的动物骨骼。

◉　　该时期文物采用通透柜配合通透展台进行
分组归类展放。中间树立隔板，圆形镂空，既
能保持空间的通透性，又能解决石斧、石凿等
小型文物的展览需求。镂空部分与重点文物"太
阳人"石刻遥相对应。

◉ 将宜昌境内迄今为止发现的 100 余处新石器时代遗址在
地图上进行标注，形象直观、一目了然。展板上还将城背溪文
化遗址发掘现场照片重点呈现，让观众如同亲临现场感受遗
址发掘的基本过程。

宜昌新石器时代文物分布图

◉　上图为城背溪遗址保护现状，实行原生态保护。遗址核心区面积 36.7 亩，文化层厚约 2 米。2019 年城背溪遗址被列入荆楚大遗址传承发展工程项目库。

"太阳人"石刻
STONE INSCRIPTION ON "SUN MAN"

"太阳人"石刻

　　1998年湖北省文物考古研究所对秭归东门头遗址进行了抢救性发掘，在遗址东北部采集到城背溪文化时期的釜、钵、支座等陶器残片，这说明大约7000年前，人类就在这里留下了生活的足迹。同时，在该遗址意外发现长条形褐色砂岩石刻一件，上刻一幅造型古朴的"太阳人"图像，故被称为"太阳人"石刻，也有学者称之为"太阳神像"；石刻上人物面部表情凝重，似为祈祷歌颂太阳，造福万众子民。"太阳人"石刻是目前在我国境内发现最早的一件新石器时代的太阳图腾崇拜文物。

新石器时代太阳图腾崇拜文物

此特展单元复原山洞场景做独立空间，用独立展柜展示"太阳人"石刻，辅以图文展板，并用投影来描述故事。投影影片以二维技术手段还原当时远古人祭祀场景，表现出"太阳人"在那个时期对于人类的重要意义。

大溪文化

　　大溪文化是长江中游地区一种新石器时代中期文化遗存，距今约 7000 ～ 5100 年，大致与黄河流域的仰韶文化中期相当。该文化横跨鄂、渝、湘三省市，在宜昌境内发现数十处遗址，出土了大量的遗迹、遗物，包括精细磨制的石器、泥条盘筑的陶器等。大溪文化以水稻农业生产为主，兼营畜牧与渔猎，建造半地穴式、地面式房屋。

采用实物展示和图板结合的方式，走廊一边展柜内展示大溪文化的石器、陶器，一边墙上图板展示重要遗址点（中堡岛遗址）的发掘现场、原始陶器的制作流程、木骨泥墙建筑方法等，将丰富的知识信息传达给观众。

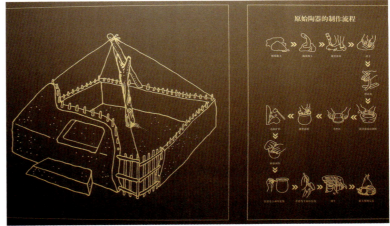

陶环
夷陵区中堡岛遗址出土
Ceramic ring
Unearthed at the Zhongbaodao Site, Yiling District, Yichang City

石穿山甲

墙上辅助文物展示的金属托架以不伤害文物为首要要求，确保牢固可靠，且尽量隐藏在文物背后，不喧宾夺主，更好地体现文物主角地位。

纺轮、骨针的面世，意味着纺织业的兴起，人们脱离了以树叶、兽皮遮体的时代。陶环、陶响、陶球等的出现，表示先民已经具备修饰、美化自身及娱乐的意识。该组文物配合背板图像以及线描使用示意图分组分类进行展示，更能简洁明了地向观众诠释其使用方法和历史价值。

大溪文化·陶器

◉ 此单元采用大型通柜将大溪文化各类陶器进行组合展示，展台高低错落有致，富于变化。在展柜中央墙面固定亚克力托板突出展示一级文物大溪文化鼓腹红陶壶，主次分明。展柜背景延续山体元素，紧扣"峡尽天开"大主题，营造观众视觉的连贯性和思维的延续性。

大溪文化鼓腹红陶壶

一级文物

新石器时代

通高17厘米，口径10厘米，圈足径8.8厘米

宜昌中堡岛遗址出土

比的陶器特点

流行"外红内黑"

"外红"除了与陶坯在烧制过程中的氧化作用有关之外、还因为器表涂有一专一"陶衣土"。红色陶衣的土要呈色元素是赤铁矿，除装饰美化的作用之外，它还是一种很好的助熔剂，最终能使陶器的表面光滑致密、颜色鲜亮。"内黑"的形成原因，有专家推测是局部渗碳工艺下的产物。

渗碳工艺

陶器坯体在400～800℃温度下，其所含水分将大量排出，有机物也将得到一定程度的分解。因而产生研究层的内部空隙，具有很强的吸附作用。此时，在密闭环境中，烧制陶器的植物染料在缺氧的情况下，将产生富含碳元素的黑色浓烟，这些微小炭粒粒不断渗入陶坯表层，使其发黑且致密。

大溪文化陶尊

一级文物

新石器时代

通高13.6厘米，口径16厘米，底径10厘米

宜昌中堡岛遗址出土

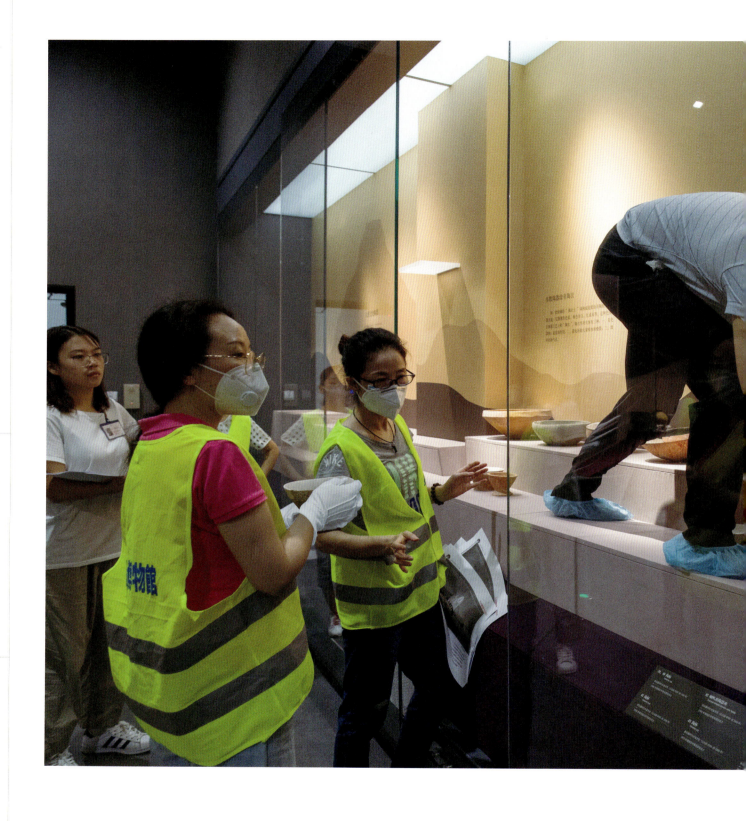

◉ 　文物布展时，馆内设技术组、借出组、布展组、警戒组、后勤保障组等多个工作小组，保障布展工作顺利进行。文物入柜摆放顺序基本遵循文物布展设计方案来具体实施，对号入座。偶尔会据实际布展情况做局部的调整，使展品组合层次更加清晰，更具科学性。

渗碳工艺

陶器坯体在 400～ ◯
有机物也将得到一定程度
空隙，具有很强的吸附◯
器的植物染料在缺氧的◯
烟，这些微小炭颗粒不◯

大溪文化·彩陶

　　大溪文化自1959年在四川巫山大溪镇发现以后，随着田野考古工作的深入开展，在宜昌区域相继发现了关庙山、清水滩、红花套、中堡岛、杨家湾、柳林溪等近百处大溪文化遗址。这些遗址都出土有彩陶，是我国古代彩陶艺术的重要组成部分。饰有彩绘纹饰的陶器器形有筒形瓶、罐、杯、盘、碗、壶、器座等。

◉　采用平柜和图文展板相结合的展示方法。展板以图片与文字的信息组团形式呈现大溪文化彩陶的主要纹饰介绍及杨家湾遗址彩陶图案，从视觉上极力满足观众的审美需求。

大溪文化的彩陶

大溪文化彩陶是长江流域特别是三峡以及长江中游地区新石器时代彩陶文化的代表。先民们在红色陶衣之上描绘黑彩，多在以平行线条为间隔的区域内，或连续或对称地施彩。纹饰有的似绞拧的绳索、有的似横卧的"人"字、似花叶、水波、渔网等。

大溪文化彩陶片

新石器时代
夷陵区杨家湾遗址出土

◉ 展柜内用山型几何线条进行分区，彩陶片、彩陶器分类摆放，全方位展示彩陶的独特魅力。

大溪文化先民劳作场景

◎ 为了体现三峡地区风物特征和劳作场景的真实性，现场景改进了原设计图背景画中自然景观，渔网、竹筏、绿植等的设计缺陷。采用观感式的艺术手段，生动呈现出先民部落捕鱼、制陶、狩猎、种植水稻等生活画面。

屈肢葬、瓮棺葬

◎　模拟屈肢葬、瓮棺葬的发掘现场，对其剖面进行立体裸展，让观众直观地了解这两种墓葬形制的特点。

刻划符号

夷陵区杨家湾、秭归柳林溪等大溪文化的遗址中出土了 200 余件带有刻划符号的陶片，符号一般刻在陶器的圈足外底部，按其形状可分为自然类、植物类、动物类、人体类、记事类、工具类等八类。这些刻划符号可能与早期文字有着一定的渊源，为中国文字起源研究提供了一批珍贵的实物资料。

◎ 该场景模拟中堡岛遗址文化层堆积剖面，将出土陶片置于对应地层中，同时将刻划符号置于内嵌圆形独立展柜中展示，采用 LOGO 灯将刻划符号投射到地面做氛围烘托。

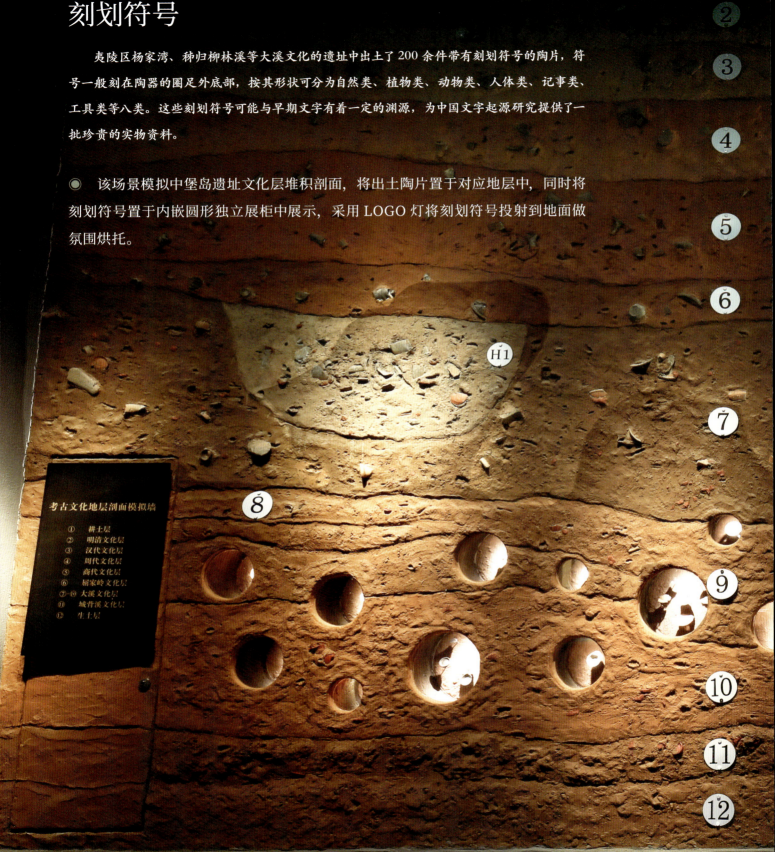

考古文化地层剖面模拟墙

① 耕土层
② 明清文化层
③ 汉代文化层
④ 周代文化层
⑤ 商代文化层
⑥ 屈家岭文化层
⑦－⑩ 大溪文化层
⑪ 城背溪文化层
⑫ 生土层

原设计稿

◉　精选杨家湾、中堡岛等遗址出土具有代表性的刻划符号，将其背景知识内容置于触摸屏中，观众通过交互体验，可以深入了解该批刻划符号的用途、意义等。

◉　现模拟场景相比原设计稿，增加了遗址文化层堆积的展示内容，使观众有置身于考古发掘现场的真实感。

触摸屏 · 微缩模型互动

展项形式亮点:

远古时期四处屏幕互动游戏＋

微缩景观

　　拼接屏互动游戏:体验者通过互动操作,模拟原始人类的生活,体验远古人生活环境、生活习惯。通过多点触摸界面可以选择性别、服装以及场景,狩猎各种新奇的动物,用辛勤收获的各种材料打造属于自己的武器和装备,体验石器时代的冒险生活。

陶支座

　　《陶支座》单元展出设计突出重点展品, 有点有面, 主次突出,
陈列展品的远近、疏密、高低与人们的审美视觉相契合。其中
镂孔陶支座、猪嘴形陶支座为一级文物, 置于展柜中心显著位置。

大溪文化叶脉纹陶支座

新石器时代
通高16.9厘米, 顶径9厘米, 底径11.4厘米
秭归县朝天嘴遗址出土

陶支座

三峡地区的巫山天
溪、宜昌中堡岛、杨家河
天嘴、柳林溪、龚家大沟
等地的大溪文化遗址中，
多出土猪嘴形支座。器表
常有戳印、刻划纹样和符
号，部分专家认为，陶支
座是炊器底部的一种附件，即
在炊煮时支撑在釜、罐等
陶底炊器底部的三个支撑
物。也有专家认为陶支座
是礼仪用器，与信仰、祭
祀有关。

大溪文化猪嘴形陶支座

一级文物
新石器时代
通高16.4厘米，顶面长6.9厘米，宽5.7厘米，底径15厘米
宜昌中堡岛遗址出土

屈家岭文化

　　屈家岭文化是分布于长江中游地区的新石器时代文化类型，距今约5100至4500年，大体与河南仰韶文化晚期时代相当，分布中心地带在江汉平原。屈家岭文化时期出现了一大批大型的城壕聚落，城址大多有夯土城墙和护城河。房屋建筑多长方形，有单间和多间分隔式两种，地面多用红烧土铺垫隔潮。墓葬多流行仰身直肢葬，少数屈肢葬，儿童多用瓮棺葬。社会分层、宗教活动等现象渐趋加剧。

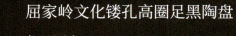

屈家岭文化镂孔高圈足黑陶盘

新石器时代
高18.1厘米，口径20.3厘米，底径12.4厘米
巴东县楠木园遗址出土

採用大型通柜和别具一格的墙面
展示方式，将出土的大量文物按质地、
类别等分组展示在观众面前。

屈家岭文化斜腹竖条纹陶杯

新石器时代
通高10.9厘米，口径8厘米，腹径8.1厘米，底径6.8厘米
宜昌中堡岛遗址出土

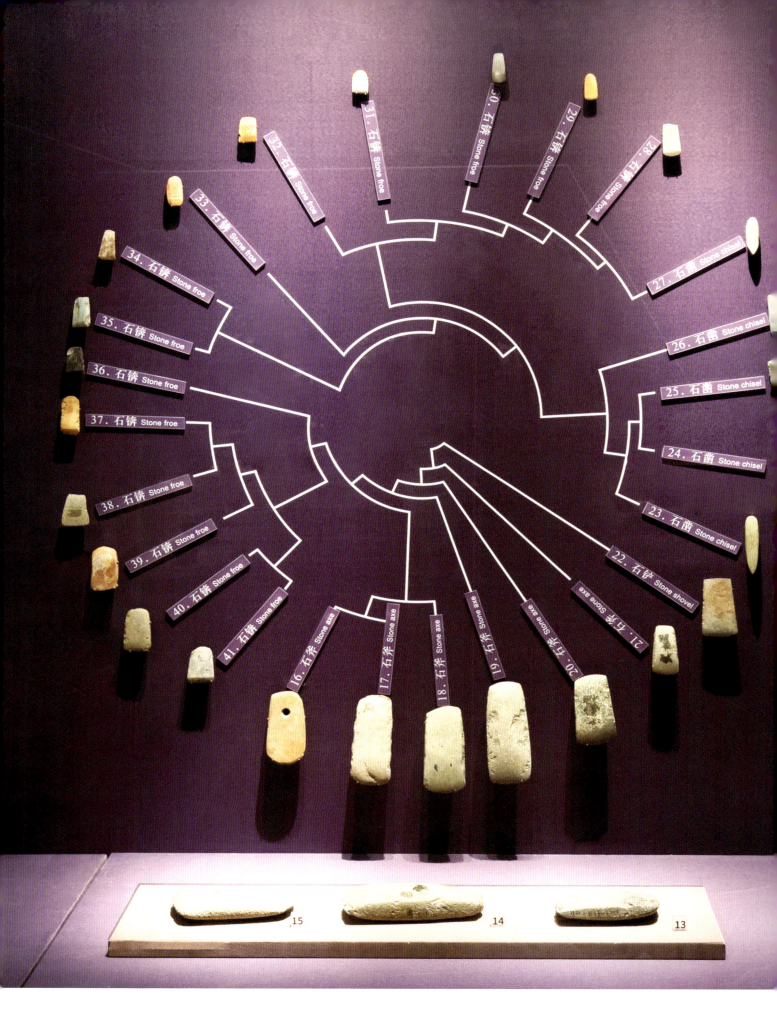

31. 石铲 Stone froe
30. 石铲 Stone froe
29. 石铲 Stone froe
28. 石铲 Stone froe
32. 石铲 Stone froe
33. 石铲 Stone froe
27. 石凿 Stone chisel
34. 石铲 Stone froe
26. 石凿 Stone chisel
35. 石铲 Stone froe
25. 石凿 Stone chisel
36. 石铲 Stone froe
24. 石凿 Stone chisel
37. 石铲 Stone froe
23. 石凿 Stone chisel
38. 石铲 Stone froe
22. 石铲 Stone shovel
39. 石铲 Stone froe
21. 石斧 Stone axe
40. 石铲 Stone froe
20. 石斧 Stone axe
41. 石铲 Stone froe
19. 石斧 Stone axe
16. 石斧 Stone axe
17. 石斧 Stone axe
18. 石斧 Stone axe

15
14
13

◉ 石器展示采用金属托架上墙（上小下大、上轻下重）和展托展示相结合的方法。柜内背景板上富有设计感的线条与上墙石器一一对应，呈现出和谐统一的环形展示效果。石球的展示充分考虑其使用方法，配合图文说明，达到内容与形式上的完美结合，给观众营造生动活泼的观展体验。

石家河文化

◉ 该处采用沿墙通柜展示文物。根据不同的展品定制不同的展托加以展

示，圜底陶器定制亚克力卡件进行固定，防止侧移和倾倒，确保文物安全。

石家河文化戳印纹陶鼎

新石器时代
口径12.6厘米，高6.4厘米
宜昌中堡岛遗址出土

石家河文化时期，陶器种类大大增多，制作精细，多用轮制，尤其是快轮制陶技术已非常普遍，制陶业已由农业生产中独立分化出来，专业化的制陶工人数量大增。

从器形、纹饰等可以看出，石家河文化陶器受中原龙山文化、二里头早期文化的影响明显，说明宜昌地区的原始先民与中原地区同时期人们的文化交流密切。

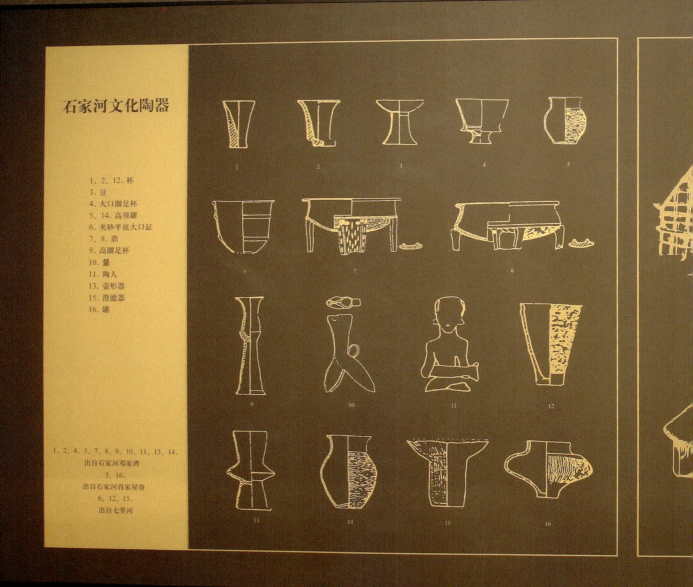

石家河文化陶器

1、2、12. 杯
3. 豆
4. 大口圈足杯
5、14. 高领罐
6. 夹砂平底大口缸
7、8. 鼎
9. 高圈足杯
10. 鬶
11. 陶人
13. 壶形器
15. 澄滤器
16. 罐

1、2、4、5、7、8、9、10、11、13、14.
出自石家河邓家湾
3、16.
出自石家河肖家屋脊
6、12、15.
出自七里河

石家河文化房屋建筑

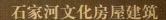

在宜都王家渡、鸡脑河、茶店子、当阳季家湖、
宜昌白庙子等石家河文化遗址的地层中都发现有
房屋基址。房屋建筑有三种形式：
　　干栏式建筑
　　半地穴式建筑
　　地面式建筑

干栏式建筑

半地穴式建筑

石家河文化
SHIJIAHE CULTURE

石家河文化是湖北地区继屈家岭文化之后发展
起来的一种新石器时代晚期文化，距今约 4500～
4200 年。这一时期，筑城、冶铜和凿井技术的出现，
大量石制工具和轮制黑陶器的使用，特别是发掘出
土的青铜块、玉器以及祭祀遗迹，类似于文字的刻
划符号和城址，表明了长江中游地区已经出现了新
的社会形态、国家已现雏形。

◉　该处用图文展板重点展示石家河文化房屋建筑和日用陶
器线图，感受其不同风格及演变历程。

陶器文物修复

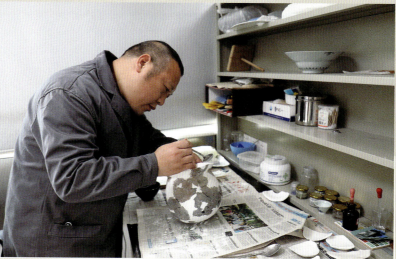

文物修复师让破碎的陶器重新焕发光彩，使其以更完美的姿态展现在观众面前。

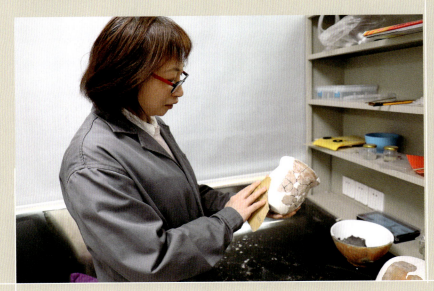

◎　嫘祖纺线场景：在纺轮中心圆孔处插一根两头尖的直杆，便成为纺锤，将野生麻、葛等剥出的一层层纤维连续不断地添续到正在转动的纺轮上，产生一根根纱条，再将纱条合并、捻制便可成线，进而可以制衣、结网。

陶纺轮

◎ 采用西陵嫘祖背景画、雕塑及图文展板进行展示。丝织技术之祖——嫘祖以纺线的姿态跪坐于寓意蚕丝的光纤帘幕之前。纺轮半环绕于展台进行集中展示。

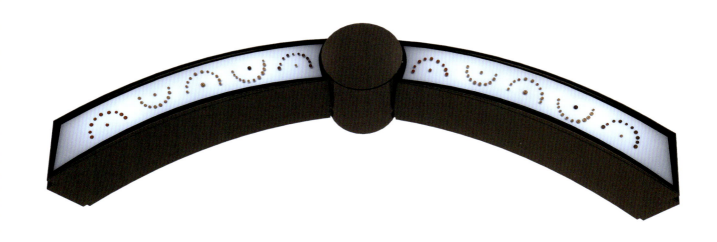

纺轮展柜展示效果图

商夹砂褐陶纺轮

商

上径2.3厘米，缘径3.5厘米，底径3.1厘米

宜昌中堡岛遗址出土

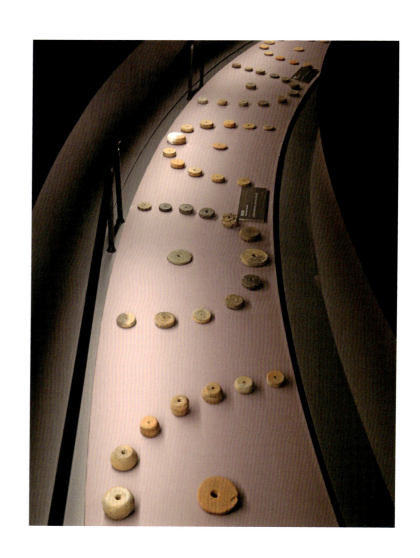

定制异形展柜，搭配独特灯光照明将各种形制、各个时期的纺轮集中分组展示，各组均围绕一个中心纺轮呈弧形散开，形成良好的视觉效果。侧面图板以图文并茂的形式向观众阐释了纺轮的使用说明及纺车的发展进程，让观众深刻体会陶纺轮使用的历史背景。

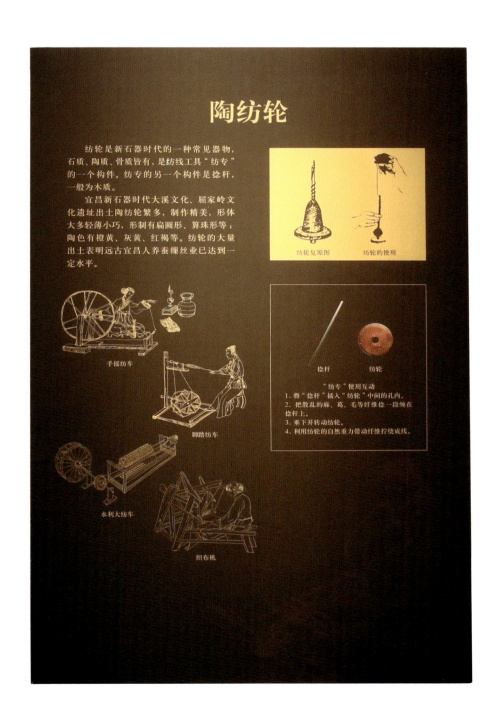

陶纺轮

纺轮是新石器时代的一种常见器物，石质、陶质、骨质皆有，是纺线工具"纺专"的一个构件。纺专的另一个构件是捻杆，一般为木质。

宜昌新石器时代大溪文化、屈家岭文化遗址出土陶纺轮繁多，制作精美，形体大多轻薄小巧，形制有扁圆形、算珠形等；陶色有橙黄、灰黄、红褐等。纺轮的大量出土表明远古宜昌人养蚕缫丝业已达到一定水平。

纺轮复原图　　纺轮的使用

手摇纺车

脚踏纺车

捻杆　　　　纺轮

"纺专"使用互动
1. 将"捻杆"插入"纺轮"中间的孔内。
2. 把散乱的麻、葛、毛等纤维捻一段缠在捻杆上。
3. 垂下并转动纺轮。
4. 利用纺轮的自然重力带动纤维拧绕成线。

水利大纺车

织布机

西陵嫘祖

据《史记·五帝本纪》记载："黄帝居轩辕之丘，而娶于西陵之女，是为嫘祖。嫘祖为黄帝正妃，生二子，其后皆有天下。"嫘祖是中华先祖女性的杰出代表，是蚕桑丝绸的发明者，泽被中华，福祉万民，历为后人所尊崇，自北周起被祀为"先蚕"。嫘祖生于西陵腹地雷家冲（嫘祖镇附近），因其出生与雷有关，后人又称为"雷祖"。

　　中国是世界上最早养蚕和制造丝绸的国家，中国丝绸在世界文明史上享有崇高的地位。嫘祖首创种桑养蚕之法、抽丝织绢之术，推动了华夏文明的进程，被誉为"人文女祖"，嫘祖文化现已成为历史留给我们的珍贵文化遗产。

◉ 陶纺轮展区弧形图文展板上，展示西陵嫘祖的史书记载、远安县嫘祖文化园雕像、宜昌西陵山嫘祖庙、华夏古丝绸之路等延伸内容。

结语

　　远古时期分为旧石器时代和新石器时代两个阶段，前者长达 300 余万年，后者经历了上万年。旧石器时代人类使用打制石器、木棒等工具从事采集、狩猎活动。新石器时代人们使用磨制石器，制作陶器，发展农业和畜牧业，形成了各具时代特色的地域文化。新石器时代晚期，社会逐步分化，出现了权贵阶层及相应的礼仪制度，在聚落分化过程中涌现出众多城址，社会开始向早期国家过渡。